Les Nations Unies

Linda Melvern

GAMMA · ÉCOLE ACTIVE

© Franklin Watts 2001
Titre original : *United Nations*.

© Éditions Gamma,
60120 Bonneuil-les-Eaux, 2001,
pour l'édition française.
Traduit par Dominique Guinet.
Dépôt légal : février 2002.
Bibliothèque nationale.
ISBN 2-7130-1941-9

Exclusivité au Canada :
Éditions École Active
2244, rue de Rouen, Montréal,
Qué. H2K 1L5.
Dépôts légaux : 1er trimestre 2002.
Bibliothèque nationale du Québec,
Bibliothèque nationale du Canada.
ISBN 2-89069-683-9

Loi n° 49-956 du 16 juillet 1949 sur
les publications destinées à la jeunesse.

Imprimé en Malaisie

Sommaire

Qu'est-ce que l'ONU ?

L'Organisation des Nations unies a été créée à la fin de la Seconde Guerre mondiale. Après l'épreuve de cette terrible guerre, les hommes du monde entier aspiraient à un monde meilleur.

▼ *La création de l'ONU en 1945 a donné lieu à une cérémonie particulière, à San Francisco, pour la signature de la Charte.*

▲ *L'emblème officiel de l'ONU représente une carte du monde encadrée par les branches d'un olivier, symbole de la paix.*

Un rêve de paix

51 gouvernements se sont réunis, le 24 octobre 1945, pour former les Nations Unies. Ils ont décidé de travailler ensemble afin de préserver la paix dans le monde et d'apporter aux peuples une plus grande prospérité. Aujourd'hui, 189 pays sont membres des Nations Unies.

Les buts et les domaines d'action

Les buts de l'ONU sont consignés dans la Charte. Celle-ci définit les règles qui lui permettent de les atteindre. Elle souligne aussi les responsabilités des membres de l'ONU, leurs droits et devoirs. Dans la Charte, les gouvernements font serment de vivre en paix et en bonne harmonie les uns avec les autres.

▶ *Un soldat de l'ONU aide des Cambodgiens à rentrer chez eux à la suite d'une guerre civile. Ils s'étaient réfugiés dans des camps en Thaïlande.*

▲ *L'ONU aide ceux qui souffrent du fait de la guerre. Ici, elle distribue de la nourriture au Rwanda, pays dévasté par la guerre.*

Travailler ensemble

L'ONU n'a pas de pouvoir sur ses États membres. Ceux-ci sont tenus de respecter les buts et principes de la Charte, ainsi que les décisions et lignes directrices adoptées par l'ONU. Enfin, chaque membre est libre de coopérer ou non.

Les idées de l'ONU

Depuis sa création, l'ONU a essayé d'instaurer des règles de base que tous dans le monde doivent suivre. La Déclaration universelle des droits de l'homme, adoptée par l'ONU en 1948, expose les droits que chacun possède dans le monde. Ce sont aussi vos droits.

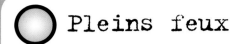

Pleins feux

« Tous les êtres humains naissent libres et égaux en dignité et en droits. Ils sont doués de raison et de conscience et doivent agir les uns envers les autres dans un esprit de fraternité. »

Déclaration universelle des droits de l'homme, article premier.

▼ *Cette sculpture, représentant un revolver au canon noué, symbolise l'attachement de l'ONU à la paix. Elle se trouve à l'entrée du bâtiment du siège des Nations Unies, à New York.*

Quels sont nos droits d'hommes ?

La Déclaration universelle des droits de l'homme proclame que les hommes ont droit à la vie, la liberté et la sécurité. Elle stipule que les hommes doivent : être affranchis de l'esclavage, accéder à une justice équitable, avoir le droit au mariage et à la propriété, pouvoir pratiquer la religion de leur choix.

Nier les droits

Bien que la Déclaration ait été acceptée en 1948, de nombreux gouvernements ne respectent pas les droits de leurs ressortissants. L'ONU essaie de contrôler les pays qui enfreignent ces règles grâce à la Commission des droits de l'homme. L'ONU s'assure de cette manière que le reste du monde a connaissance, pour chaque pays, du rapport concernant les droits de l'homme. Ainsi, il devient plus difficile pour un État de bafouer les droits de l'homme.

▼ *Eleanor Roosevelt discute avec un collègue, pendant une pause, lors d'une réunion de l'ONU en 1951.*

Check-list

La Déclaration universelle des droits de l'homme proclame que chacun a le droit :

- à la libre circulation ;
- au travail ;
- à un salaire égal pour un travail égal ;
- au repos et aux loisirs ;
- à l'éducation.

Pleins feux

Eleanor Roosevelt, la femme du Président américain F. D. Roosevelt, a contribué à la rédaction de la Déclaration universelle des droits de l'homme. Elle décida de s'engager dans cette action à la suite d'une visite en Allemagne après la Seconde Guerre mondiale. C'est là qu'elle prit conscience des effets destructeurs de la guerre. Ce document est le résultat de deux ans de travail. Les États mirent du temps à s'accorder sur le contenu de la Déclaration, mais Eleanor Roosevelt fit preuve d'une grande persévérance, et la Déclaration fut achevée en 1948.

À la mort d'Eleanor Roosevelt, en 1962, le secrétaire d'État américain Adlai Stevenson dit, en parlant d'elle : *« Elle préférait allumer des bougies plutôt que maudire les ténèbres, et sa lumière a réchauffé le monde. »*

Le fonctionnement de l'ONU

◄ *Vue aérienne du siège des Nations Unies à New York.*

L'ONU se compose de six organes, dont chacun joue un rôle différent et important au sein du système.

Le Secrétariat

Dans le monde entier, des gens travaillent pour l'ONU et il existe des bureaux de l'ONU dans la plupart des pays. Le siège de l'ONU, connu sous le nom de Secrétariat, se trouve à New York. Plus de 8700 personnes de tous les pays du monde y travaillent : des économistes, des traducteurs, des secrétaires, des informaticiens, des gardiens de la sécurité, des bibliothécaires, des juristes, des écrivains et des journalistes.

Ceux qui travaillent à l'ONU doivent lui prêter serment de fidélité et ne peuvent recevoir d'ordres d'aucun gouvernement. Les États promettent de ne pas influencer le personnel de l'ONU d'une quelconque façon.

▲ *L'entrée des bureaux de l'ONU à Genève, l'un des trois bureaux régionaux du Secrétariat. Les deux autres se trouvent à Vienne et Nairobi.*

L'Assemblé générale

L'Assemblée générale est composée de tous les membres des Nations Unies. Elle nomme le secrétaire général. Elle arrête le budget de l'Organisation et vote les questions importantes. Les recommandations sont votées à la majorité simple, mais les résolutions sont adoptées avec les deux tiers des voix des membres présents.

Les sessions

L'Assemblé générale tient une session annuelle régulière et des sessions extraordinaires. Des commissions spécialisées préparent les délibérations. La plupart des chefs d'États se sont exprimés au cours des débats de l'Assemblée générale de l'ONU.

▲ *De nombreux chefs d'États se sont exprimés à l'Assemblé générale de l'ONU à New York. Ici, le chef d'État cubain Fidel Castro prononce un discours en 1960.*

Problème

Chaque année, le budget de l'ONU augmente, et la part à verser par les États-Unis augmente également. Certains hommes politiques américains estiment que l'ONU revient trop cher à leur pays et ils remettent en question la somme à verser par leur pays. Certains souhaiteraient qu'elle soit réduite. Entre-temps, la dette des États-Unis à l'ONU s'accroît en permanence.

Qui finance les Nations Unies ?

Les membres des Nations Unies en assument le financement. Chaque État verse une somme différente. Les fondateurs des Nations Unies ont décidé que les pays riches devaient contribuer davantage que les pays pauvres. Les États-Unis, pays le plus riche, devrait donc participer plus que les autres membres. Beaucoup parmi les pays les plus pauvres du monde, comme le Rwanda, la Sierra Leone, la Mauritanie, le Cambodge, ne versent qu'une faible contribution.

Le Conseil économique et social

Les fondateurs de l'ONU pensaient que réduire la pauvreté dans le monde contribuerait à établir la paix mondiale. Le Conseil économique et social fut mis en place afin de coordonner les efforts de l'Organisation pour améliorer les conditions de vie des plus démunis dans le monde. Le Conseil assiste l'Assemblée générale dans les domaines économique, social, culturel et humanitaire. L'ONU consacre 70 % de son activité à ce but.

▼ *Une mission d'aide alimentaire de l'ONU achemine par avion des paquets de nourriture pour secourir les victimes de la famine au Soudan en 1994.*

✓ Check-list

Les 11 pays du Conseil de tutelle d'origine, qui aujourd'hui s'autogouvernent, étaient :
1. le Togo (sous administration britannique) ;
2. la Somalie (sous administration italienne) ;
3. le Togo (sous administration française) ;
4. le Cameroun (sous administration française) ;
5. le Cameroun (sous administration britannique) ;
6. le Tanganyika (sous administration britannique) ;
7. le Rwanda - Burundi (sous administration belge) ;
8. les îles Samoa occidentales (sous administration néo-zélandaise) ;
9. le Nauru (sous administration australienne) ;
10. la Nouvelle-Guinée (sous adm. australienne) ;
11. les territoires sous tutelle des îles du Pacifique : États fédéraux de Micronésie ; république des îles Marshall ; Commonwealth des îles Mariannes du Nord ; Palau (sous administration américaine).

Conseil de tutelle

Le Conseil de tutelle est aujourd'hui en sommeil. Il a été créé pour onze territoires sous tutelle sur lesquels s'exerçait un contrôle international. Dans la mesure où il n'y avait pas de gouvernement en place, chaque territoire était administré par un État membre de l'ONU. Le Conseil de tutelle devait s'assurer que les États responsables de leur administration préparent les territoires à se gouverner eux-mêmes.

La Cour internationale de justice (CIJ)

La Cour internationale de justice siège à la Haye, aux Pays-Bas. Elle juge les différends entre les États membres. Par exemple, en 1949, le Royaume-Uni a assigné la Norvège devant la Cour internationale de justice pour une affaire de droits de pêche. La Cour a tranché en disant que la Norvège pouvait réserver certains territoires de pêche à ses propres bateaux. La Cour n'est pas ouverte aux individus, mais seulement aux gouvernements. L'Assemblé générale de l'ONU et le Conseil de sécurité peuvent prendre l'avis de la Cour pour toute question juridique.

Problème

En 1971, la CIJ a déclaré que l'Afrique du Sud, État membre de l'ONU, devait cesser d'occuper la Namibie et se retirer. L'Afrique du Sud ne s'est pas conformée à ce jugement, malgré la Charte de l'ONU qui contraint chacun de ses membres d'accepter les décisions de cette Cour.

◀ *La Cour internationale de justice à La Haye, aux Pays-Bas.*

▼ *Les juges de la Cour internationale de justice des Nations Unies.*

Pleins feux

En 1979, le personnel de l'ambassade des États-Unis à Téhéran, en Iran, fut pris en otage. Les États-Unis firent appel à la CIJ qui déclara l'Iran coupable de violation de la loi internationale. Les otages furent cependant maintenus en captivité pendant plusieurs mois.

✓ **Check-list**

La CIJ est compétente pour les cas suivants :
- ruptures de traités entre les États ;
- questions de loi internationale ;
- interprétation des traités ;
- nature ou étendue des réparations à faire en cas de rupture d'obligation internationale.

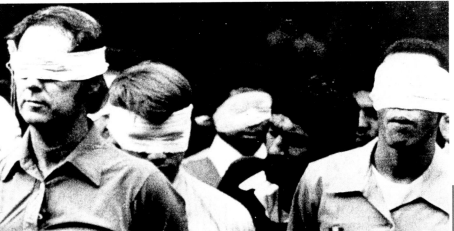

◀ *Les employés de l'ambassade des États-Unis sont présentés à la presse mondiale à Téhéran, en 1979.*

▼ *Des terroristes iraniens prirent le contrôle de l'ambassade des États-Unis à Téhéran, en 1979.*

Le Conseil de sécurité

L'organe le plus puissant de l'ONU est le Conseil de sécurité, composé des représentants de 15 États membres. Il est responsable de la paix et de la sécurité internationales. La Charte de l'ONU stipule que tous les États membres sont tenus d'obéir aux résolutions du Conseil.

▼ *Lors de la première réunion du Conseil de sécurité, les leaders mondiaux promirent de coopérer avec l'ONU pour maintenir la paix dans le monde.*

Sièges permanents

Sur les 189 membres de l'ONU, seulement quinze siègent au Conseil de sécurité. Parmi eux, cinq sont membres permanents ; ils représentent les cinq États vainqueurs de la Seconde Guerre mondiale : la Chine, les États-Unis, le Royaume-Uni, la France et la Russie. Ils possèdent un droit de veto et peuvent donc bloquer toute décision du Conseil qui ne les satisfait pas.

Sièges non-permanents

Dix autres États siègent au Conseil de sécurité. Ces membres, non-permanents, sont élus par l'Assemblé générale pour une durée de deux ans. Ils laissent ensuite la place à dix autres États. La présidence du Conseil de sécurité change également. Tous les mois, elle est occupée par un pays différent.

Éviter la guerre

En cas de désaccord entre les États, c'est avant tout le rôle du Conseil de sécurité de servir de médiateur, c'est-à-dire de les aider à régler leurs différends avant l'escalade vers la guerre.

Si un pays est attaqué par un autre, il peut faire appel aux Nations Unies. Le Conseil de sécurité a alors la possibilité d'entreprendre diverses actions. Il peut empêcher les États membres d'avoir des relations commerciales avec l'agresseur. Il peut envoyer des négociateurs pour aider les pays à régler leurs différends. Il peut interdire la vente d'armes aux États agresseurs. Il s'agit alors d'un embargo sur les armes.

Parfois, le Conseil de sécurité donne l'autorisation aux États d'agir par eux-mêmes. Ainsi, lorsque l'Iraq a envahi le Koweït en 1990, le Conseil de sécurité s'était prononcé favorablement pour une coalition militaire. L'Amérique avait alors pris la tête d'une opération conduisant à forcer l'Iraq à se retirer du Koweït.

▲ Troupes britanniques impliquées dans la libération du Koweït envahi par l'Iraq en 1990.

▼ Des casques bleus français contrôlent l'aéroport de Sarajevo, en Bosnie, pendant la guerre civile faisant suite à l'éclatement de la Yougoslavie, en 1991.

Une force de police mondiale

Lors de la création de l'ONU, le Conseil devait être un organe de police mondiale chargé de faire respecter les lois internationales. En vue de maintenir la stabilité mondiale, le Conseil de sécurité devait avoir les moyens d'empêcher un conflit, en ayant éventuellement recours à la force.

▲ *Les soldats de la paix japonais portant le béret bleu, caractéristique de l'ONU, descendent de l'avion de l'ONU au Cambodge.*

Le temps des réformes

Depuis 1945, lorsque la décision fut prise de mettre cinq membres permanents au Conseil de sécurité, le monde a beaucoup changé, et le nombre d'États membres a augmenté. Certains pensent que cette évolution devrait se refléter au sein du Conseil. On a, par exemple, suggéré que l'Allemagne et le Japon siègent comme membres permanents du fait de leur puissance économique. D'autres pays fortement peuplés, comme le Brésil et l'Inde, souhaiteraient avoir plus de pouvoir au sein de l'ONU. Depuis 1993, un groupe de travail examine les propositions des États pour réformer le Conseil.

Le secrétaire général

Élu pour un mandat de cinq ans par l'Assemblée générale, le secrétaire général est à la tête de l'organe administratif de l'ONU. En plus de ses activités de haut fonctionnaire, il peut être chargé de médiation et de bons offices.

▲ *Boutros Boutros-Ghali, avec un commandant de casques bleus, visite en 1993 un orphelinat de Somalie financé par l'ONU.*

▶ *Contrairement aux secrétaires généraux précédents, Kofi Annan a été choisi parmi le personnel du Secrétariat de l'ONU.*

Le rôle du secrétaire général

Aux yeux du monde, le secrétaire général représente l'ensemble de l'ONU. Il est le porte-parole de l'humanité tout entière. Le titulaire de ce poste doit convaincre les États membres de soutenir les idéaux exposés dans la Charte. Cette tâche est très difficile car, bien que tous les membres aient signé la Charte, ils veulent aussi poursuivre leurs propres intérêts.

◉ Pleins feux

En février 1998, le secrétaire général Kofi Annan se rendit à Bagdad pour une rencontre avec le chef de l'État iraquien Saddam Hussein. Ce dernier refusait, aux inspecteurs de l'ONU, l'accès aux sites où l'on soupçonnait l'Iraq de fabriquer des armes de destruction massive. Le Conseil de sécurité était déterminé à empêcher l'Iraq de fabriquer des armes aussi meurtrières. Certains membres du Conseil menacèrent de bombarder l'Iraq si les inspecteurs n'étaient pas autorisés à entrer dans le pays. Grâce à sa diplomatie, Kofi Annan persuada Saddham Hussein d'autoriser les inspecteurs à se rendre sur les sites.

▲ *Kofi Annan rencontre Saddham Hussein à Bagdad, en 1998, afin de persuader le chef de l'État iraquien de permettre aux inspecteurs de l'ONU de vérifier l'ampleur de la force militaire iraquienne.*

Le secrétaire général se doit d'avertir le Conseil de sécurité de tout problème pouvant dégénérer et menacer la paix et la sécurité. Il a le devoir d'agir en tant que médiateur en cas de menace de conflit. Lorsque des États membres sont en désaccord, le secrétaire général intervient pour éviter le conflit.

◀ *Les inspecteurs de la Commission spéciale de l'ONU à Bagdad, en 1997, avaient pour tâche d'assurer l'élimination des armes iraquiennes de destruction massive.*

Les casques bleus

Le but des Nations Unies est de maintenir la paix dans le monde. Parfois, la seule façon d'éviter la guerre est d'envoyer des forces de maintien de la paix, les casques bleus, pour séparer les deux partis.

Le rôle des casques bleus

L'idée d'une force de maintien de la paix est née du besoin d'interposer des soldats neutres entre deux ennemis. Quand des négociateurs de différents États et de l'ONU ont convaincu les partis adverses d'arriver à un accord, les casques bleus se rendent sur place pour s'assurer que les ennemis respectent le cessez-le-feu et les traités qui ont été négociés. Ils usent de persuasion et d'un minimum de force pour désamorcer les tensions et éviter les conflits. Il s'agit là d'un travail dangereux.

Les casques bleus aujourd'hui

Ils aident également les pays à se remettre d'une guerre. Leur rôle consiste en une combinaison d'actions politique, militaire et humanitaire. Différents civils assistent les soldats pour maintenir la paix au nom de l'ONU.

▼ *Un groupe multinational de soldats de l'ONU se prépare à détruire des armes remises par des chefs de guerre en Somalie.*

Les casques bleus ravitaillent en nourriture les populations affamées. Ils s'assurent aussi de la bonne qualité de leur eau. Ils maintiennent la stabilité nécessaire pour que les factions en conflit ne se remettent pas à faire la guerre. Parfois, les casques bleus surveillent des élections pour qu'elles se déroulent dans les règles.

▼ *Un casque bleu italien offre des bonbons aux enfants qui ont perdu leurs parents pendant la guerre civile du Mozambique.*

✓ Check-list

- En Namibie, les soldats de l'ONU ont aidé les gens à élire leur propre gouvernement et à créer une nation nouvelle et indépendante.
- Au Mozambique, les soldats de l'ONU ont aidé à organiser des élections libres et équitables.
- Au Salvador, les soldats de l'ONU ont aidé à réformer un gouvernement corrompu et à contrôler la fin de dix années de guerre civile.
- Au Guatemala, l'ONU a aidé à établir une nouvelle procédure des droits de l'hommes pour s'assurer que les gens ne sont plus terrorisés par la violence et les meurtres.

Le prix de la paix

Depuis 1948, il y a eu 51 opérations pour la paix. Sur l'ensemble de cette période, plus de 750 000 militaires et civils ont participé, dans le cadre de l'ONU, à des opérations pour la paix. Plus de 1648 personnes impliquées sont mortes en supervisant des accords de paix, en contrôlant des cessez-le-feu, en patrouillant dans les zones démilitarisées, en créant des zones tampons entre les belligérants, et en désamorçant les conflits locaux menaçant de conduire à la guerre.

Les volontaires

L'ONU n'a pas d'armée. Pour chaque opération de paix, les États membres mettent volontairement à disposition des troupes et des équipements. Souvent, les pays ne souhaitent pas envoyer leurs propres soldats et policiers s'il risque d'y avoir des victimes. Les opérations sont organisées par le secrétaire général et son équipe.

◯ Pleins feux

Parmi les victimes qui ont trouvé la mort pendant l'exercice de leur service pour l'ONU se trouvent dix casques bleus belges. Ils sont morts en avril 1994, au début de la guerre civile et du génocide au Rwanda. Un groupe d'extrémistes rwandais avait décidé de faire échouer l'accord de paix contrôlé par l'ONU. Ces extrémistes tuèrent les casques bleus afin de convaincre l'ONU de quitter le pays.

◯ Pleins feux

Les casques bleus de l'ONU ont reçu le prix Nobel de la paix pour leur travail en 1988.

◀ *Un médecin suédois en service au Sinaï aux côtés des casques bleus pratique un examen médical sur un garçon du désert.*

▲ *Des casques bleus égyptiens portent secours à une femme blessée lors du bombardement de la ville de Sarajevo en Bosnie, en 1994.*

En juin 1991, la guerre éclata en Yougoslavie. Pendant la bataille, plus de 500 000 habitants de Bosnie, l'une des provinces du pays souhaitant l'indépendance, furent chassés de leur pays ou emprisonnés dans les villes assiégées. En février 1992, le Conseil de sécurité mit en place la Force de protection des Nations unies (Forpronu) afin de créer les conditions de paix et de sécurité nécessaires pour régler le conflit dans son ensemble. Cependant, l'intervention de la Forpronu se limita à la protection des convois de camions acheminant des provisions humanitaires vers les villes et villages pour les citoyens assiégés.

◑ Problème

Bien que le Conseil de sécurité fût confronté à une guerre civile brutale en Yougoslavie, certains États membres refusèrent de recourir à la force pour enrayer le conflit. Ils ne souhaitaient pas que les casques bleus s'enlisent dans une confrontation militaire compliquée. Impuissante, la Forpronu ne put empêcher les violences continuelles contre les civils, ni les fréquentes escarmouches entre factions.

Le coût de la paix

Le monde s'est adressé de plus en plus aux Nations Unies pour gérer ses conflits ; le coût du maintien de la paix par l'ONU a donc augmenté. En 1995, le coût annuel s'est élevé à environ 3 milliards d'euros. Pourtant certains gouvernements dépensent chaque jour cette somme pour préparer la guerre.

En 1994, le secrétaire général informa le Conseil de sécurité que le commandant de la Forpronu avait besoin de 35 000 hommes pour empêcher les attaques des « zones sûres » de Bosnie-Herzégovine, créées par le Conseil de sécurité. Les États membres n'autorisèrent que 7600 soldats à partir et mirent un an à les envoyer.

Problème

Tous les États membres sont obligés de participer au coût des opérations de l'ONU pour la paix, selon une proposition décidée par eux-mêmes. Mais à la date du 31 mai 2000, les États membres devaient à l'ONU plus de 3 milliards d'euros.

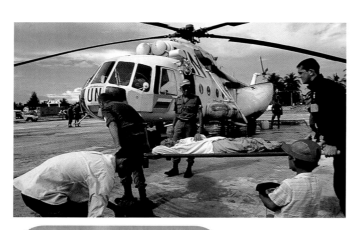

◀ *Au Cambodge, une femme blessée est évacuée par les casques bleus.*

▼ *À Sarajevo, après un bombardement sur une base de l'ONU, un casque bleu français se rue sur un blindé en feu.*

Problème

Parfois, les États membres de l'ONU ne contribuent pas suffisamment aux opérations de paix. Il arrive que le Conseil de sécurité investisse les casques bleus de tâches colossales, mais qu'ils ne puissent les mener à bien, faute de moyens appropriés.

Les institutions spécialisées

L'histoire montre que des nations prospères ne font pas la guerre. C'est pourquoi les fondateurs de l'ONU décidèrent d'alléger les souffrances des peuples les plus démunis de la planète. L'ONU aide les pays pauvres à se développer afin que leurs habitants atteignent des niveaux de vie plus élevés. C'est dans ce but que l'ONU possède des institutions et des programmes spécialisés.

Les institutions

Chaque institution spécialisée de l'ONU est une organisation internationale chargée d'un problème particulier, par exemple l'éducation, la santé ou l'alimentation. Elles sont présentes dans le monde entier afin de faciliter la coopération entre pays dans ces domaines vitaux.

L'UNESCO

L'UNESCO, l'Organisation des Nations unies pour l'éducation, la science et la culture, gère des programmes pour élever les niveaux d'éducation dans le monde. Elle contribue au maintien de la paix en resserrant - par l'éducation, la science, la culture et la communication - la collaboration entre les nations.

◀ *Un enfant dans une école de Byumba, au Rwanda, apprend à écrire sur une ardoise fournie par l'UNESCO.*

Check-list

Parmi les organes et agences, spécialisés de l'ONU se trouvent :

- La Banque internationale pour la reconstruction et le développement (BIRD ou Banque mondiale).
- Le Fonds des Nations unies pour l'enfance (UNICEF).
- Le Fonds monétaire international (FMI).
- Le Haut-Commissariat des Nations unies pour les réfugiés (HCR).
- L'Organisation de l'aviation civile internationale (OACI).
- L'Organisation des Nations unies pour l'éducation, la science et la culture (UNESCO).
- L'Organisation internationale du travail (OIT).
- L'Organisation maritime internationale (OMI).
- L'Organisation météorologique mondiale (OMN).
- L'Organisation mondiale de la propriété intellectuelle (OMPI).
- L'Organisation mondiale de la santé (OMS).
- L'Organisation des NU pour l'alimentation et l'agriculture (FAO).
- Le Programme des Nations unies pour le développement (PNUD).
- Le Programme des Nations unies pour l'environnement (PNUE).
- L'Union internationale des télécommunications (UIT).
- L'Union postale universelle (UPU).

La Banque mondiale ou BIRD

La Banque mondiale finance, dans les États membres les moins favorisés, des projets ou programmes de développement.

Le Fonds monétaire international

Le Fonds monétaire international favorise la coopération monétaire internationale et contribue à garantir la stabilité, afin que le commerce mondial puisse s'étendre et se développer. La croissance économique génère l'emploi et élève le niveau de vie. Le fonds aide également les pays à s'acquitter de leurs dettes en période difficile.

L'OMS

L'Organisation mondiale de la santé tente d'amener tous les peuples au niveau de santé le plus élevé possible. Elle aide les pays à proposer à leurs citoyens de meilleurs services de santé. Elle tente d'empêcher la propagation des maladies. Elle favorise la recherche sur la prévention et le

▲ *Affiche publicitaire utilisée par l'OMS pour sensibiliser le public au travail qu'elle réalise.*

contrôle des maladies et rassemble des statistiques sur l'état de la santé dans le monde. Elle finance des programmes d'éducation à la santé. En cas d'inondation, de famine, de tremblement de terre ou de guerre, des équipes médicales de l'OMS se rendent rapidement sur place pour offrir leur aide.

L'UNICEF

Le Fonds des Nations unies pour l'enfance (UNICEF) a été créé, en 1946, pour venir en aide à tous les enfants victimes de la Seconde Guerre mondiale. Dans le monde entier, des gens œuvrent toujours pour l'UNICEF et assistent les communautés locales afin de subvenir aux besoins des enfants en soins médicaux, nourriture, éducation et eau potable. L'un des problèmes majeurs est le nombre croissant d'enfants-soldats. Ils sont 300 000, dont certains âgés d'à peine huit ans, engagés dans 30 conflits à travers le monde. L'UNICEF réintègre certains de ces jeunes soldats dans la communauté civile.

L'UNICEF tente de faire respecter la convention des droits de l'enfant, un accord rassemblant les règles concernant tous les pays sur la manière de traiter leurs enfants. Parmi celles-ci se trouvent le droit de l'enfant à la vie, le droit à la protection, le droit aux soins médicaux, le droit à l'école primaire gratuite.

▲ *Au Malawi, un enfant est vacciné dans un dispensaire.*

◄ *En Grèce, en 1949, un petit garçon essaie sa toute première paire de chaussures qui lui a été offerte par l'UNICEF.*

◉ Pleins feux

En 1991, l'OMS et l'UNICEF annoncèrent une campagne de vaccination mondiale contre les principales maladies infantiles mortelles. Son objectif était de vacciner 80 % des jeunes des pays en voie de développement. Ces vaccinations sauvent ainsi plus de 2 millions d'enfants chaque année.

La FAO

L'Organisation pour l'alimentation et l'agriculture a pour mission d'accroître la production de produits alimentaires dans les pays pauvres. Elle essaie d'affranchir l'humanité de la faim. Son travail est basé sur le vieux proverbe chinois : « Donne à l'homme un poisson et il mangera pendant une journée, apprends-lui à pêcher et il mangera pendant toute sa vie. »
La FAO enseigne de nouvelles méthodes de production alimentaire ainsi qu'une exploitation optimale des ressources naturelles.

▲ *Des spécialistes agricoles introduisent des méthodes pour améliorer la production alimentaire en Côte-d'Ivoire. Les recherches portent sur la croissance de différentes variétés de riz ainsi que les meilleures méthodes d'irrigation.*

Le Programme des Nations unies pour l'environnement (PNUE)

Le PNUE fut créé en 1972 à l'issue d'une conférence des Nations Unies au cours de laquelle 114 pays examinèrent les dommages engendrés par la pollution dans le monde. Ils décidèrent de mettre en place un organe de contrôle encourageant et coordonnant les actions pour la réduction de la pollution sous toutes ses formes, et de favoriser la recherche.

▲ À Bangkok en Thaïlande, on conseille à ceux qui travaillent dans la rue de porter un masque à cause du niveau élevé de pollution de l'air.

Les actions du PNUE

L'épuisement des ressources naturelles du monde (eau, pétrole, terre cultivable, air pur) est devenu, au cours des dernières années, un véritable sujet de préoccupations. Le PNUE protège et améliore ces ressources vitales pour tous. Il encourage les États à prendre ces problèmes plus au sérieux.

 Pleins feux

En 1992, la Conférence des Nations unies sur l'environnement et le développement (CNUED) eut lieu à Rio de Janeiro, au Brésil. Une plate-forme d'action, dite « Action 21 », a été adoptée, définissant un programme pour le début du XXIe siècle. Ce programme faisait suite à l'inquiétude quant à la détérioration de l'environnement due aux émissions accrues des gaz responsables de l'effet de serre, aux pollutions toxiques et à l'accumulation de déchets solides.

Lors de la CNUED, les États s'engagèrent davantage à résoudre ces problèmes et à placer l'avenir de la planète au centre de leurs préoccupations. Beaucoup de pays pauvres ont accusé les pays riches d'utiliser la majeure partie des ressources naturelles et d'être responsables de la plus grande part de la pollution.

▶ Le chancelier allemand Helmut Kohl prend la parole à la Conférence des Nations unies sur l'environnement et le développement de 1992. Les États examinèrent les problèmes urgents engendrés par la pollution.

Aujourd'hui, en plus de maintenir la paix et de régler les problèmes internationaux, les missions des Nations Unies s'élargissent à de nouveaux rôles.

Traiter des informations vitales

L'Organisation est dotée d'un centre d'information où sont collectées et rediffusées des données sur tous les domaines indispensables à la survie de l'homme.

Aider les plus démunis

L'ONU apporte une assistance aux pays les plus pauvres en faisant accéder les populations à de l'eau potable et en les formant à l'utilisation d'outils agricoles comme les tracteurs ou les semoirs.

Gérer mondialement les problèmes

L'ONU porte de plus en plus ses efforts au règlement de problèmes complexes qui ne peuvent être gérés individuellement par les États. Le Programme pour le sida, par exemple, est constitué de six agences qui aident les pays à partager les informations et les recherches afin d'essayer de combattre une épidémie qui touche plus de 45 millions de gens dans le monde.

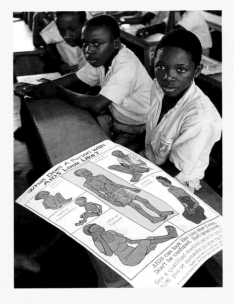

▶ *En Ouganda, les enfants reçoivent à l'école des informations sur le sida et les causes de contamination.*

▼ *Au Burkina Faso, des paysans apprennent à retenir la terre en construisant des murets de pierre.*

Améliorer les valeurs universelles

L'ONU est amenée à résoudre de nombreux problèmes importants : permettre aux pays les plus pauvres de développer leur agriculture et leur industrie, faire respecter les droits des femmes, protéger l'environnement et aider les États à se doter de gouvernements soucieux du bien-être de leurs citoyens.

L'ONU et l'avenir

Même si l'ONU est loin d'avoir réalisé tous les espoirs et les rêves de ses fondateurs, elle reste la principale organisation mondiale pour le maintien de la paix et de la sécurité internationales.

La majeure partie du monde est instable, injuste et dangereuse. Trop souvent encore, des hommes vivent dans une très grande misère. L'ONU est avant tout un fondement sur lequel il reste à bâtir pour tenter d'initier un changement. Il appartient à chaque État membre de décider s'il souhaite coopérer en construisant, sur cette base, une organisation utile et efficace pour assurer un avenir civilisé à l'humanité.

L'histoire a montré qu'il était risqué de laisser la paix et la justice du monde entre les mains des seuls États. Nous sommes tous membres de la communauté mondiale, nous devons tous endosser notre part de responsabilité pour créer le monde dans lequel nous souhaitons vivre.

▲ *Au Mozambique, l'ONU a apporté son aide pour enrayer une guerre civile et organiser des élections libres.*

S'engager

Pour en savoir plus sur l'ONU, connectez-vous sur le site de l'ONU ou contactez le Centre d'information des Nations unies dans la capitale de votre pays. En vous informant sur le travail de l'ONU, vous contribuerez à rendre le monde meilleur.

Glossaire

Alliance : un accord entre deux pays ou plus, pour se protéger mutuellement.

Armes de destruction massive : des armes nucléaires, chimiques et biologiques capables de tuer, sans distinction, un grand nombre de personnes.

Charte : un ensemble de lois, de règles ; le terme est employé ici pour désigner un traité constitutif entre des États.

Coalition militaire : une alliance de plusieurs pays pour combattre un ennemi commun.

Désarmement : l'action de réduire ou de supprimer les forces militaires.

Embargo : un ensemble de mesures visant à empêcher la libre circulation d'une marchandise.

Guerre civile : une guerre dans laquelle des groupes de gens d'un même pays se battent.

Humanitaire : qui se préoccupe du bien-être, du bonheur des autres êtres humains.

Pays en voie de développement : des pays dont le niveau économique n'a pas atteint celui de l'Europe occidentale ou de l'Amérique du Nord, et plus généralement des pays où règne une grande pauvreté et où les gens manquent des besoins de base.

Terroriste : une personne qui utilise ou privilégie la violence ou l'intimidation afin de persuader un gouvernement ou une communauté à agir d'une certaine façon.

Zone démilitarisée : une portion de territoire dans laquelle les armes, le matériel de guerre et les forces armées ne sont pas autorisées.

Zone tampon : une portion de territoire séparant deux forces militaires après la fin des hostilités, parfois contrôlée par les casques bleus.

Veto : un droit de s'opposer à l'adoption d'une décision, d'une loi ou d'une résolution.

Adresses utiles

Siège des Nations Unies
Public Inquiries Unit
United Nations
Room GA-58
New York NY 10017
États-Unis

Centre d'information des Nations unies (Paris)
1, rue Miollis
75732 Paris cedex 15

Centre d'information des Nations unies (Genève)
Palais des Nations
1211 Genève 10
Suisse

UNICEF

• Comité français
3, rue Duguay-Trouin
75282 Paris Cédex 06
France
www.unicef.org/french

• Comité canadien
443, Mount Pleasant Road
Toronto-Ontario-M4S 2L8
Canada
www.unicef.ca

UNESCO
7, place de Fontenoy
75352 Paris 07
France
www.unesco.org

Sites Internet des Nations Unies
• Siège
www.un.org/french
• Association canadienne pour les Nations Unies
www.un.org/french/index.html
• Centre d'information de Paris
www.onu.fr/
• Centre d'information de Genève
www.unog.ch
• Cour internationale de justice
www.icj-cij.org
• Assemblée générale
www.un.org/ga
• Droits de l'homme
www.un.org/french/hr/
• FAO
www.fao.org/
• Fonds des Nations unies pour la population FNUAP
www.fnuap.org/
• Programmes des Nations unies pour le développement PNUD
www.un.org/publications/undp.fr/french.htm
• HCR
www.unhcr.ch/

Index